Französisches
Flügelsignal

Französische
»Windschneiden«-
Lok von 1899

Lokomotivführer Willy
und sein Hund Cäsar
fahren zur Arbeit.

HUCK SCARRY

Als die Eisenbahn mit Dampf fuhr

Telegraphenmast

Französisches
Pfeifzeichen

Deutsch von Marlis Scarry

© 1979 Huck Scarry
First published by William Collins Sons and Company Limited, Glasgow and London, 1979.
Erschienen im Delphin Verlag GmbH, München und Zürich, 1979.
ISBN 3.7735.5054.5

DELPHIN VERLAG

Für Marlis

Gläserner
Zug der
englischen
LNER-
Eisenbahn,
1937

CORONATION

Der Fliegende Schotte,
1923

Tenderlok der
Midland-Eisenbahn,
1875

1280

Schafherde

N° 4472

Willy, der Lokomotivführer, und Cäsar, sein Hund, wollen mit der Dampflokomotive eine Reise machen. Unterwegs werden sie sich alte Eisenbahnen aus vielen Ländern anschauen, denn dafür interessieren sich Willy und Cäsar mächtig. Bei Sonnenaufgang radelt Willy zum Lokomotivschuppen. Heini, der Heizer, macht schon Dampf im Kessel von Willys Lokomotive. Wenn Cäsar aufpaßt, wird er einen saftigen Knochen für die Reise finden. Habt ihr den Knochen schon gesehen? – Möchtet ihr etwa mit auf die Reise? – Na bitte, dann los!

Lokomotivschuppen

Tenderlok der Great-Western-Eisenbahn

Postwagen der Midland-Eisenbahn, bei dem bei voller Fahrt die Post übernommen wird

Neigungsanzeiger

Lokomotivschuppen

Fünfachsige Lokomotive der Baltimore- und Ohio-Eisenbahn, 1853

Amerikanischer Gepäckwagen

NEW YORK CENTRAL

Willy fährt langsam aus dem Schuppen auf die Drehscheibe, die seine Lokomotive auf das richtige Gleis dreht. In diesem Augenblick rast ein Expreß-zug vorbei.
»Guten Morgen«, winkt Willy dem Kollegen vom Expreßzug hinüber. Die kleine weiße Katze hat noch nicht gefrühstückt. Sie weiß aber schon, was sie gerne verspeisen würde. Wißt ihr's auch?

Drehscheibe

Lokomotive Nr. 999 der New York-Central-Eisenbahn.
Das war im Jahre 1895 die schnellste Lok der Welt.

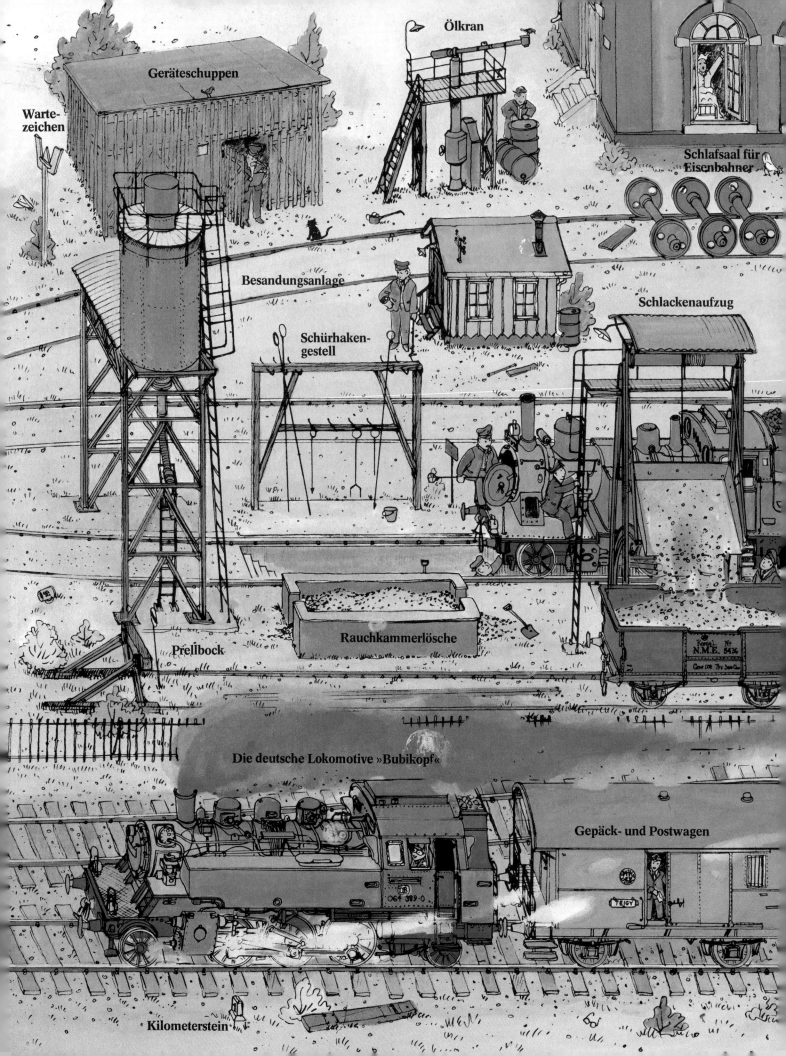

Geräteschuppen

Ölkran

Warte-
zeichen

Schlafsaal für
Eisenbahner

Besandungsanlage

Schlackenaufzug

Schürhaken-
gestell

Prellbock

Rauchkammerlösche

Die deutsche Lokomotive »Bubikopf«

Gepäck- und Postwagen

Kilometerstein

Wasserturm

Kohlenkran

Wasserkran

Bekohlungsanlage

Willy fährt seine Lokomotive zuerst einmal zum Bahnbetriebswerk. Hier werden alle Lokomotiven mit Kohle und Wasser versorgt, damit sie überhaupt fahren können.
Fritz belädt den Tender mit Kohle.
»Genug, genug!« ruft Willy. »Das reicht!«
Ganz in der Nähe versteckt sich ein Mann mit Sonnenbrille. Glaubt ihr, daß er ein Spion ist?

Deutsche Pfeiftafel

Sicherheitszeichen

Dieses Gleis ist nur für die Wagen mit Asche bestimmt.

Personenwagen der alten Deutschen Reichsbahn

Die kleine Lokomotive stößt eine dicke schwarze Rauchwolke aus, und Willy fährt mit ihr über die Weichen zum Bahnhof. Hier werden die Personenwagen angekoppelt, die schon am Bahnsteig warten.

Tourist

Bahnsteig

Fußgängerbrücke

Wagen eines Bummelzuges der Great-Western-Eisenbahn

Rangierer

Einsteigende Fahrgäste

Die Reisenden steigen ein.
Der Schimmel auf der anderen Seite
will auch noch mit.

Toiletten

Uhr

Bahnhofs-
vorsteher

Sitzbank

Dieseltriebwagen der Great-Western-Eisenbahn von 1934

ektriker,
r die Lampe
pariert

Gepäck

Kilometerzähler

Meßwagen der Great-Western-Eisenbahn
aus dem Jahre 1903. Er mißt die Geschwindigkeit
und die Leistung von Lokomotiven.

Der Zug fährt aus dem Bahnhof. Zuerst kommt er am Stellwerk vorbei. Hier werden die Signale und Weichen gestellt. Gegenüber liegt der Schuppen des Güterbahnhofs. Grade werden Güterwagen mit Frachtgut beladen.
Mit einem scharfen Pfiff ertönt die Dampfpfeife von Willys Lokomotive. Wecke bitte nicht den Landstreicher auf, Willy!

Güterbahnhof

Laderampe

Rampe

Lastkran

Getreidewagen

Viehwagen

Offener Güterwagen

Gleisbild

Blockeinrichtung zur Steuerung der Züge

Signalhebel
Verschlußhebel
Weichenhebel

Stellwerk der London-, Midland- und-Schottischen Eisenbahn

Weichenhebelwerk

Flügelsignal

Weichenmechanismus

Geschlossener
Güterwagen

NORTH EASTERN
102490

Tenderlok der englischen
LNER-Eisenbahn, 1898

Schlafender
Landstreicher

Auf dem Tieflader für Schwertransporte
der Great-Northern-Eisenbahn steht eine japanische
Vulcan-Tenderlok aus dem Jahre 1871.

Willys kleiner Zug keucht den Hügel hinauf und verschwindet in einem Tunnel. Der Schimmel schaut hinten aus seinem gemütlichen Pferdetransportwagen heraus. Gerade sieht er, wie eine geheimnisvolle Aktentasche aus dem Zug geworfen wird.

Englischer Pferdetransportwagen

Schweizer Vorsignal

Schnellzuglok der alten österreichischen Eisenbahn

Neigungsanzeiger

Schweizer Pfeiftafel

Schweizer Streckenschneeschleuder (eine umgebaute Dampflok)

Schweizer Lok für den Tunnelbau, die mit Preßluft angetrieben wird

Tunneleingang (St.-Gotthard-Tunnel)

Steinbruch für den Tunnelbau

Vermessungsgeräte

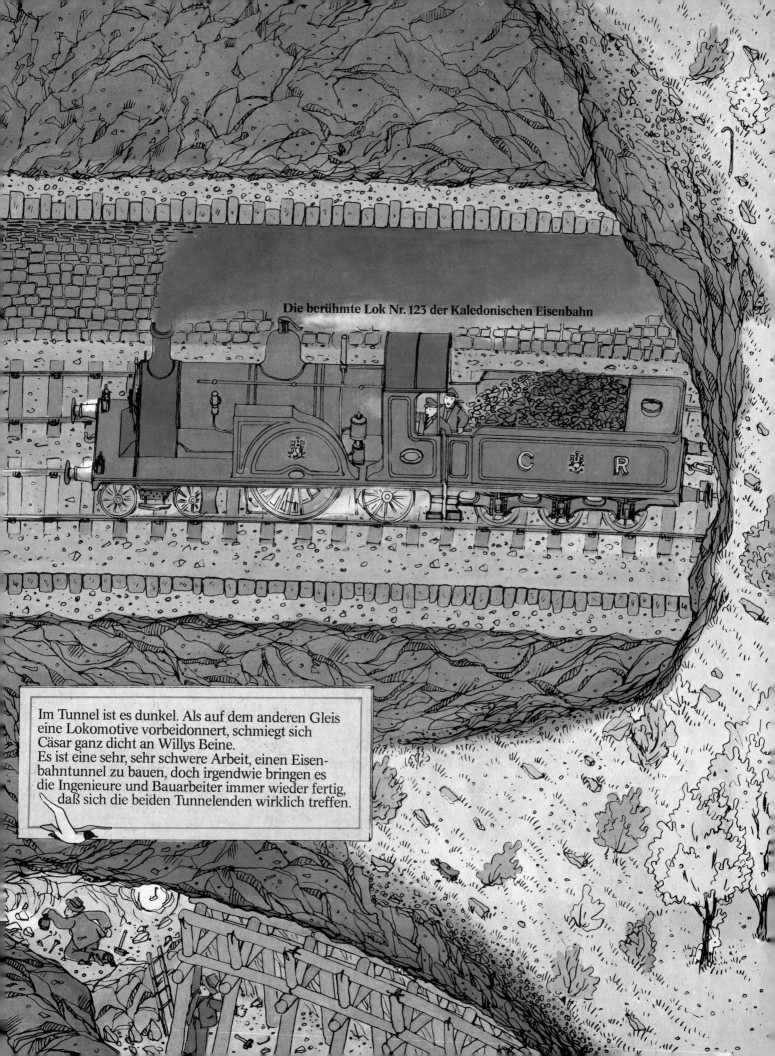

Die berühmte Lok Nr. 123 der Kaledonischen Eisenbahn

Im Tunnel ist es dunkel. Als auf dem anderen Gleis eine Lokomotive vorbeidonnert, schmiegt sich Cäsar ganz dicht an Willys Beine.
Es ist eine sehr, sehr schwere Arbeit, einen Eisenbahntunnel zu bauen, doch irgendwie bringen es die Ingenieure und Bauarbeiter immer wieder fertig, daß sich die beiden Tunnelenden wirklich treffen.

Nach dem Tunnel muß Willys Zug zum ersten Mal anhalten. Einige Reisende steigen aus, andere steigen in den Zug ein. Während Willy auf das Abfahrtssignal wartet, winkt er einigen Reisenden zu, die in einem Aussichtswagen vorbeirasen. Seltsam, auf dem Bahnsteig hat jemand seine Brille und seinen Hut verloren. Habt ihr eine Ahnung, wer das wohl war?

Ortsschild

RUNNING-on-TYME

**Hintere
Steuerkabine**

**Straßenroller (Tragkraft 100 t), der eine australische Lokomotive
der New South Wales-Eisenbahn von 1865 transportiert**

Altes Bahnhofsgebäude der Great-Western-Eisenbahn von 1848

Leyland »Lion«-Omnibus, 1929

Lastauto der Great-Western-Eisenbahn, 1937

Aussichtswagen der Kaledonischen Eisenbahn

Fußgänger-überführung

Englische Pfeiftafel

Fahrerkabine

Rettungsring

Willy dampft aus dem Bahnhof heraus und fährt
über die Klappbrücke. Der Schimmel sieht grade
noch, wie die Brücke hochgelassen wird, um
Kapitän Fietjes Fischdampfer durchzulassen. Was
mag wohl der arme Angler gefangen haben?
Hoffentlich kann er schwimmen.

**Dampfbarkasse der
Hamburger Hafenpolizei,
1900**

Deutscher Fischdampfer, 1907

Brückenstellwerk

Antriebsmotor
für das
Zahnradgetriebe   Gegengewicht

Portalkran
(Tragkraft 3 t)

**Schnellzuglok »Zeppelin« der Niederländischen
Central-Eisenbahn, 1910**

Am Hafen holt ein Kran Bananen aus einem Frachtdampfer und verlädt sie in einen Güterwaggon. Schade, daß Cäsar so klein ist und den frechen Affen nicht sehen kann.

Holländische Tenderlok, 1930

Personenwagen 2. Klasse der Niederländischen Central-Eisenbahn, 1900

Französische Güterzug-Tenderlok

Französischer gedeckter Güterwagen mit Bremserhaus, der während des Ersten Weltkrieges in Amerika gebaut wurde

Französischer gedeckter Mehrzweckwagen für Gemüsetransporte, der aber auch 8 Pferde oder 50 Soldaten befördern konnte

Französischer
Dieseltriebwagen mit
Gummirädern, 1931

Französisches rotierendes
Haltesignal

GRAND FE

Französische Lok, die 1883
den ersten Orientexpreß
gezogen hat

Französischer Flachwagen

Deutscher Verschlagwagen
für Geflügel-
beförderung

Französischer Güterzuggepäckwagen

Lastwagen von
General Motors,
der während des
Zweiten Weltkrieges
zum Gleisfahrzeug
umgebaut wurde

Auf den Abstellgleisen warten Waggons und
Lokomotiven darauf, zu Zügen zusammengekop-
pelt zu werden. Zwei Hühner fliehen mutig aus
einem Hühnertransportwagen.

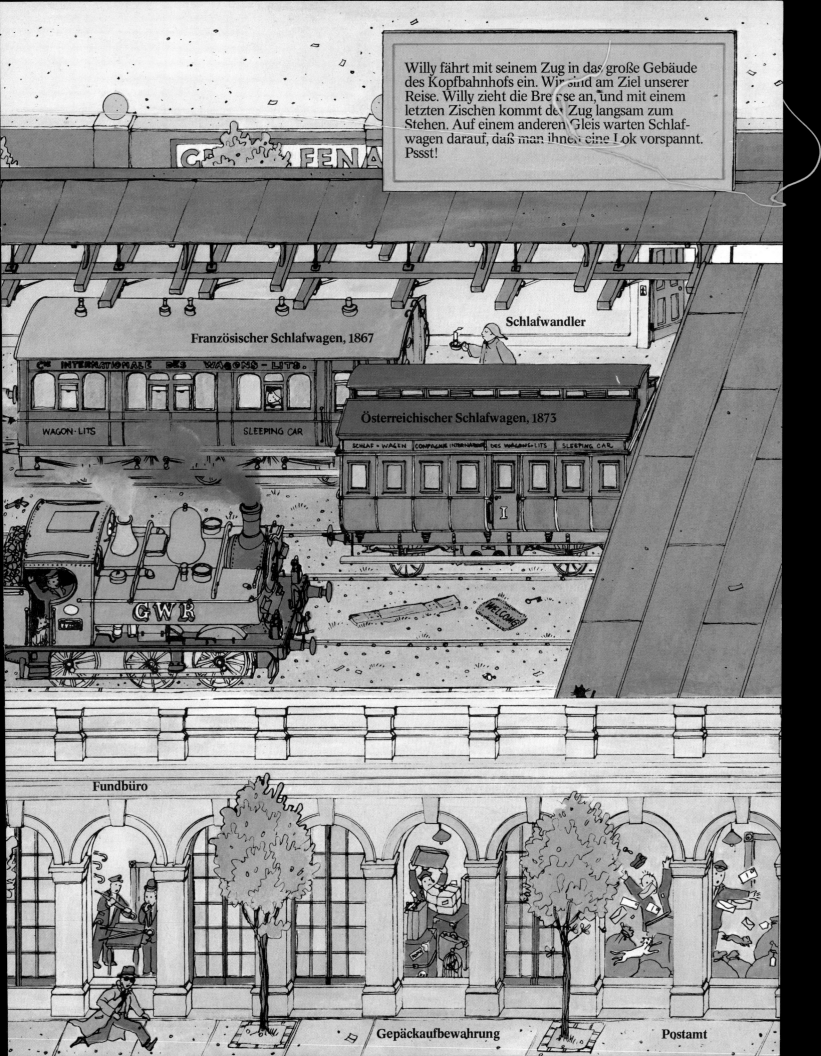

Willy fährt mit seinem Zug in das große Gebäude des Kopfbahnhofs ein. Wir sind am Ziel unserer Reise. Willy zieht die Bremse an, und mit einem letzten Zischen kommt der Zug langsam zum Stehen. Auf einem anderen Gleis warten Schlafwagen darauf, daß man ihnen eine Lok vorspannt. Pssst!

Französischer Schlafwagen, 1867

Schlafwandler

Österreichischer Schlafwagen, 1873

Fundbüro

Gepäckaufbewahrung

Postamt

Fahrplan

Blumen

Fahrdienstleitung

Fahrkarten

Wartesäle

Dampfomnibus
von 1922

Jockey

Stanley-
Dampfauto,
1907

Der Schimmel wird schon erwartet. Seht ihr von wem? Alle Reisenden, auch Willy und Cäsar, steigen aus. Willy kauft für seine Freundin Wilhelmine einen großen Blumenstrauß. Cäsar bringt Wilhelmines Hund Cleopatra einen rußigen Knochen von der Reise mit.
Jetzt ist es wohl an der Zeit, daß alle braven Lokomotivführer ein gründliches Bad nehmen und sich jemand mal um diesen seltsamen Spion kümmert.

Ende
der Reise